pequena música

adriana lisboa

pequena música

ILUMINURAS

*Copyright © 2018*
Adriana Lisboa

*Copyright © desta edição*
Editora Iluminuras Ltda.

*Capa e projeto gráfico*
Eder Cardoso / Iluminuras

*Foto de capa*
David Lupton

*Revisão*
Iluminuras

CIP-BRASIL. CATALOGAÇÃO NA PUBLICAÇÃO
SINDICATO NACIONAL DOS EDITORES DE LIVROS, RJ
L75p

    Lisboa, Adriana, 1970-
      Pequena música / Adriana Lisboa. - 1. ed. - São Paulo : Iluminuras , 2018.
    96 p. : il. ; 21 cm.

    ISBN 978-85-7321-573-1

    1. Poesia brasileira. I. Título.

17-46017         CDD: 869.91
                CDU: 821.134.3(81)-1

**2020**
**EDITORA ILUMINURAS LTDA.**
Rua Inácio Pereira da Rocha, 389 - 05432-011 - São Paulo - SP - Brasil
Tel./ Fax: 55 11 3031-6161
iluminuras@iluminuras.com.br
www.iluminuras.com.br

*para Mariana Ianelli*

# SUMÁRIO

Silêncio, 13

## I. CARO SER

A origem das coisas, 17
A função das coisas, 18
Relógios, 19
Máquina de lavar, 20
Avião, 21
A uma calça jeans, 22
Nuvem, 23
Cortina, 24
Uma rosa, 25
Tocata, 26
Limão, 27
Inteligência artificial, 28
Ameixa, 29

## II. ARMÁRIOS

Autorretrato, 33
Meninos, 34
Equador, 36
Meu pai na Ópera de Budapeste, 41
Fantasmas, 42
Armários, 44
Terra, 45
Estrela, 46
Levar a vida, 48

## III. MIRANTE

Substantivo coletivo, 53
Mirante, 55
Duas histórias zen-budistas, 56
Dois poemas com Rumi, 58
Zazen, 60
Eu era um cachorro , 61

## IV. REVOLUÇÃO DOS CRAVOS

Europa, 65
Do front, 66
Fukushima, 68
Touro, 69
Cafarnaum, 70
Só de ida, 71
Belgrado, 72
Sagrado, 74
Solstício, 75
Recado, 76
Jardineira , 78
Revolução dos cravos, 79
Prece, 80
Telegrama para Murilo Mendes, 81
Dois poemas com John Cage, 82
Um risco, 84
Macedônia, 85

O caos e a maravilha do mundo, 87
*Malcolm McNee*

Poemas publicados anteriormente, 89

Referências, 90

Um p.s. sobre John Cage, 91

Sobre a autora, 93

Uma pequena música toca no fim do mundo.
*Cecília Meireles*

# Silêncio
*sobre versos de Hugo Mujica*

Nós falamos
mas só o necessário
diz o monge trapista
ao apresentador do programa de tevê

somente após sete anos
de silêncio num mosteiro
aquele poeta encontrou sua voz
libertando na palavra
o que a palavra sela

— o que a palavra
na palavra que excede
cala.

# I. CARO SER

Dear being, how might I
responsibly interpret your incomprehensible
behaviour? Where am I in it?

[*Caro ser, como eu poderia
interpretar de modo responsável o seu incompreensível
comportamento? Onde eu estou, nele?*]

                                                      Karen Solie

## A origem das coisas

Explicou o filósofo grego
que todas as coisas
originam-se umas das outras
e desaparecem em outras
de acordo com a necessidade

tudo que há
movimento

tudo que é
contingência:

o assalto dos erros
o acaso pendular de um dia
de uma vida
de um poema.

## A função das coisas

Nos objetos fabricados pelos tuaregue
com seus poucos recursos
para o uso cotidiano
bolsas
selas de camelo
tendas
seria de se supor alma seca
alinhavada pela funcionalidade

no entanto eles os fabricam
intrincados
coloridos
lindos
com seus poucos recursos

cunhando
do deserto
um carnaval.

# Relógios

O que o meu avô reformou
na sala
precisa de corda — quando para e
não nos damos conta
tudo para junto
imobilizamos nosso dia às
11h05 da manhã
e logo a fome do almoço
é um cachorro vadio latindo
para ninguém

no meu relógio de pulso
em vez de números lê-se
agora
agora
agora
— o paradoxo de requerer
um metrônomo
para reger o passo
do que por ser sempre
quase sempre me despista
e ultrapassa

na memória o velho cuco
que não precisava marcar nada
contanto que
de tempos em tempos
inflasse o seu pulmão de mola
e cantasse.

## Máquina de lavar

Eu gostava de abrir a tampa
espiar as roupas girando lá dentro
o esforço do agitador
todo eficiência
o pontilhado azul claro do sabão
antes que se dissolvesse
e a vanguarda sonora
da máquina de lavar
em seu ruído sincopado
seu compromisso
com a integridade das roupas
das toalhas e lençóis
do meu uniforme escolar
que minha mãe depois estendia
e o vento leve abanava no varal

a máquina de lavar
caía então num silêncio enxuto
anônima
germânica
respirando meditativamente e pouco
até a próxima ordem de funcionar.

# Avião

Mais pesado que o ar
descolando do chão de Brasília
a cidade desenhada
aliás
em sua homenagem
todo ruído supra-humano
e fuselagem esplêndida

(ainda assim
desconfio haver nele qualquer coisa de
canhestra e bruta
e um íntimo pendor à senda
da compostura)

mais suscetível do que
parece possível acreditar
mortal também ele
embora nem bicho
nem deus
descolando do chão de Brasília
cortando o sanguíneo fim de tarde
do céu de Brasília
sonhando-se
mais leve que o ar.

## A uma calça jeans

Eu te peço desculpas pela
lambança da bainha
pesquisei o passo
a passo mas a agulha é muito
pequena a linha é muito fina
e minhas mãos se impacientam demais

outras calças que tive no passado
desfrutaram da costura contemplativa
que minha mãe lograva — talento que não
herdei embora tenha tentado (agulhas
    de tricô aos dez anos inclusive)

minha destreza não passa
de um emaranhado de linhas
para a emergência de um botão

sinto muito calça jeans
parece que seguiremos
tropeçando juntas em nossas
costuras mal-ajambradas
enquanto ainda coubermos uma na outra
    e o tempo
    condoído
    ainda couber em nós.

# Nuvem

Uma nuvem é um conjunto de
circunstâncias favoráveis
à formação de uma nuvem

entre brotar de um lago
e se dispersar em chuva
a fábula da vida
a fábula da morte

aquiescendo
em mimetizar a olhos humanos
um elefante
uma espaçonave
um peixe

enquanto um bilhão de deuses
distraídos
condensam seu coração.

# Cortina

A cortina se estufa
quarto adentro como se viva
a primeira trovoada
reboa lá fora
o cachorro corre e
se esconde na escada
escura

a cortina se estufa
como se animada por dentro
da trama do tecido
o fole de um pulmão
que sugere:
nada mais
urgente do que inspirar
este momento
(nada:
nem mesmo um cortejo inteiro
de notícias ou poemas)

este momento
a tempestade em prelúdio
e o sopro
de lilases
que ela traz.

# Uma rosa

não é uma rosa não é uma
rosa

subtraia da rosa
todas as não-rosas
prive a rosa do jardim
do jardineiro seus pais seu pão
tire da rosa o sol a terra
    o verão a chuva os chineses
    que resolveram cultivá-la
faz cinco mil anos e Cleópatra
empenhada em seduzir Marco Antônio
o pigmento da rosa a abelha a Flora
de Botticelli a rosa de Pentecostes a rosa
de Hiroshima a rosa sem
    rima a rosa sem
nome o nome da
rosa

e nada resta a que se
possa chamar
rosa
(aí a verdadeira
rosa).

# Tocata

O músico toca
em troca de
gratificação

cato as sobras do escambo:
toca-me a nota em
      falso
a pausa
de tocaia
no som.

# Limão

Ser ou não ser essa
não é
a questão

tornar-se esvaecer
reluzir feito fogos
de artifício apagar-se
      essa a questão

o enquanto
do carbono puro do diamante
da chama que faz arder o diamante

de um grumo
de barro
de um gomo
de limão.

# Inteligência artificial

Então pode ser que a máquina
esteja mentindo para mim agora
e quando digito
*mentindo para mim agora*
essa subserviência canina
seja ao contrário
espécie de tolerância felina
na arquitetura da derrocada
da inteligência menor (eu)

mas não me é de todo antipática
a ideia de que na máquina
brote em dado momento a inveja do vivo
do sangue
do sexo
das manhãs de domingo
da dor de cabeça
e de como é xingar um sinal de trânsito

e que a máquina portanto venha
a se autoprogramar para ser
mais sístole e diástole
dando no fim das contas
num bem-vindo avesso nosso
que entretanto cauterizamos o céu
e celebramos nossas festas de Natal.

# Ameixa

A boca rompe a pele roxa
a carne da ameixa (não
o reino vegetal não
possui sistema nervoso central
de modo que não se trata
do júbilo transverso
da dor)

digo pele e carne
poderia dizer casca e polpa
seria mais acurado
mais botânico e simples
casca e polpa e o sumo que
escorre incontinente
como se
pudesse lavar o mundo inteiro

salvar o mundo inteiro
livrar-nos do fardo
da busca de um sentido
para a dádiva da ameixa
pura dádiva
da ameixa
     pura
compaixão.

# II. ARMÁRIOS

# Autorretrato

automóvel
autoestrada resposta
automática de
ausência

quem dera fosse
um entreato
meu autorretrato.

# Meninos

O velho Fiat 147
placa MU1881
meu braço empoleirado na janela aberta
ali dentro uns quarenta graus
no barato

no sinal o menino veio encostou
o caco de vidro no
meu braço pediu dinheiro

abri a carteira
tirei uma parte (o resto também
tia ele disse)
e nos fitamos: é que eu
vou precisar mesmo deste dinheiro
expliquei
(ênfase no *mesmo*)
ele se desculpou
pegou sua parte e se embrenhou pelo
formigueiro lento do trânsito

tanto tempo faz
eu me pergunto se aquele menino
ainda se lembra
de mim
e do instante
em que trocamos

palavras olhares
cédulas
de uma moeda que
já nem existe mais.

# Equador

Vi a fotografia de um gps
com as coordenadas
00°00'00.0"
— seria fabuloso se nos
transportássemos a um Equador
da alma
e fizéssemos, por assim dizer,
o reload de nós mesmos
(heróis Marvel tentando alterar o passado
como no filme).

Se tivéssemos essa chance prosaica
aprender com os erros
desfazer desdizer devolver
desmanchar dissipar
reformar recortar recontar
a mesma cena.

Tanta coisa seria diferente
intuíssemos ontem
o que hoje intuímos
tivéssemos ontem músculo e fome
feito esses que brotaram em nós
entretanto.

De minha parte
eu não teria insistido
no partidarismo do mundo

e teria dormido com você nos braços
enquanto ruía o que
tivesse de ruir por aí.
Seríamos dois
exoplanetas em nossa felicidade
incômoda.

De minha parte
eu passaria menos tempo
revolvendo concordatas
e muito mais tempo
sendo irresponsável e
egoísta e
aprendendo a ser mãe não nos livros
nem nos consultórios daqueles pediatras sádicos
nem na imagem das outras mães antes de mim:
teria dado ouvidos apenas a você
que me bastava
para tanto
e para muito mais.

Teria errado sem culpa
e rosnado para não pecar
por omissão
levado você entre os dentes
como fazem as gatas e aquela gambá
que vi outro dia com os filhotes.

Teria sido esse bicho que afinal.
E ai de quem mexesse conosco.

Em vez disso deixei os fantasmas
se sentarem à mesa e ditarem as normas
da casa.
Espero que você me perdoe:
por não ter sido mais
violenta, por ter me apaziguado
com meio quilo de fé.
Eu me vendi barato.

Não sei muito bem quais serão nossas futuras
expedições — as minhas, as suas.
Mas as mãos pequeninas que ensaiavam
força em torno do meu polegar
são as mesmas hoje ao piano
extraordinárias
sofrendo Beethoven como só
aos quinze anos é possível sofrer.

Lamento não ter sido
mais monástica e crua
em meus silêncios
meus gritos
e ter delegado tanta cartografia
a especialistas cheios de fé no progresso
artríticos
surdos
desses que vão queimar para sempre
no inferno da autoridade.

Nem monja
nem Marvel

nem um daqueles fabulosos
personagens ressuscitáveis
dos seus jogos de computador:
devo arcar
com as consequências dos meus atos
e ainda mais
dos meus acatos.

Vejo a fotografia de um gps
com as coordenadas
00°00'00.0"
e tenho ideias
mas a verdade é que
a verdade é um susto.
A linha do Equador não existe.
Já o amor, esse elemento
anterior às tabelas
essa não-questão
o mesmo amor ainda vibra
nas pontas dos meus dedos
enquanto lavo uma fruta para a sobremesa
ou acaricio os seus cabelos
de menino:
minha melhor credencial.

Juntei uns trocados para você
numa caderneta de poupança e
embora a vida não seja dócil
Beethoven sempre ajuda
(ainda que para martelar fortíssimos
nos momentos de raiva).

Finalmente exonerei os fantasmas
talvez um pouco depois da hora
mas lá vão eles, veja: cabeça baixa
perguntando-se
como vão pagar os credores
no final do mês
e dizendo insultos entre os dentes.

Enquanto isso
eu e você, que afinal temos músculo
e fome, sairemos dessa. Levaremos marcas
dos arranhões naturais
aos bichos, claro.
Mas feito os cães
molhados de chuva
sacudiremos o corpo
para ajeitar a alma lá dentro,
à guisa de reinvenção.

# Meu pai na Ópera de Budapeste

Numa outra vida
um outro tempo
outro mundo
meu pai teria ido à Ópera de Budapeste
sentado boquiaberto num dos camarotes
talvez ouvisse Verdi Rossini Bizet
com sorte Mozart
num outro tempo
outro mundo
outra ordem das coisas
em que fosse possível
passear-se como a um carrinho de compras
num supermercado
dinheiro no bolso
e todas as possibilidades de escolha
numa outra lógica
de existência
em que não nos limitassem
as pernas os músculos a idade
a carteira a identidade os rins
a história a geografia o passado
    o futuro —
com sorte para o meu pai seria sempre
ópera
e Budapeste.

## Fantasmas

Minha mãe
morreu devagar ao longo de
vários anos
embora não soubéssemos
    o que é uma bobagem de se dizer
eu pessoalmente estou morrendo
faz várias décadas
e todo mundo sabe

mas às vezes vem dar
na praia essa dor

um dia quando minha
mãe era criança minha avó
queimou as bonecas de papel que
ela tanto prezava (minha mãe
    não estava querendo emprestá-las
    à irmã)
minha avó de vestido preto um lenço
amarrado na cabeça
queixando-se das dores de cabeça meu avô
queixando-se da minha avó
todos gente comum num
canto comum do mundo num
    buraco do tempo
por acaso
passado

esses fantasmas sentados à
mesa
famintos
      nossos fantasmas
      nós
os fantasmas de
uma dor hereditária

      claro que nada
disso é privilégio meu
ou teu e o que dói não dói
mais em mim do que em ti do que

nas viúvas de guerra no primeiro
ministro ou naquela atriz
dos filmes que de tão perfeita
não é possível
não é possível que não sofra

continuamos cavando:

tanta sede e o riacho
era apenas miragem
tanta fome
      — nossa boca do tamanho
do buraco de uma agulha
      nosso ventre
abissal feito uma mina
nossos fantasmas nós
os fantasmas
famintos.

## Armários

Minha irmã e eu
passamos a tarde
entre as coisas que nossa mãe
deixou nos armários

alguns armários
muitas coisas
roupas novas velhas fotos cartas lenços
mas sobretudo
o tricô e o crochê
que ela fabricou durante décadas
exímia artesã
paciente com seu trabalho
assim como
quase sempre
conosco

minha irmã e eu
passamos a tarde
no silêncio
empoeirado
iluminado
enredado durante cinquenta anos
pela nossa mãe.

# Terra

Vai soar estranho aos amigos
mais urbanos
que pediram notícias
    neste momento
minha vida anda mudada o sentido
das coisas anda
mudado e embora isso não me pareça
ter importância

para lá de mim (mas não será a poesia
um estranho labutar
só
que pertence ao outro também?)

tenho encontrado alegria numa
pimenteira plantada anteontem
nas peônias escancaradas feito repolhos
e no curioso recato com que se perfumam
tenho desconfiado
    muito
do teatro do mundo da aceleração das
cidades importantes neste momento tenho me
comprazido em condescender
à terra
ao adubo
a uma estranha e mística fome
de girassóis.

# Estrela

Contamos às crianças pequenas
que ela virou estrela
mas estrelas estão lá
e nós cá
as estrelas estão no nosso passado
e nem atinam conosco

hoje mais cedo entendi que
o que ela virou foi fóton
virou bóson de Higgs
partícula subatômica
e o que quer que seja o barro
dos pensamentos

de modo que vive
em toda parte
não só no porta-retrato
não só no nosso espanto
ante o rearranjo da mesa do almoço

de modo que está
nas várias gerações de bem-te-vis
íntimos da casa onde ela morava
e naquele acesso incontrolável
de riso que tivemos
no dia em que bebemos demais
na minha mão
na minha voz

vá lá: entre as estrelas também
já que a imagem é bonita (por isso é
o que contamos às crianças pequenas)
e igualmente na superlua de hoje
que é a última do ano

e no que intimida as palavras
portanto no que não digo
e onde nem percebo que
ela está.

# Levar a vida

Levar a vida
feito um guarda-chuva dentro
da bolsa uma chave
mestra uma caneta
levá-la como a uma criança
adormecida à cama
como a um livro que aguarda
ser aberto à sombra de uma árvore
num parque
levar a vida
adentro

levar a vida
afora como
se leva a um cachorro a passear
lavar a vida
debaixo da bica esfregá-la
sacudi-la
remendá-la

levar a vida como se leve
levar-se por ela
velar por ela
vexar-se por ela
desfraldá-la (vela) ao vento
desancorá-la perdoá-la
protegê-la (vela) do vento
com a palma da mão

levá-la pela mão
como a um menino
perdido de volta

para casa
acatá-la
como a um pássaro
distante
uma passagem entre
o não saber e o não
saber
bordá-la
celebrá-la com uma alegria
de cristal.

# III. MIRANTE

## Substantivo coletivo

Há peixes subindo
pelas minhas pernas
ex-ursos de circo alojados
entre as minhas costelas
migrações cíclicas acontecendo
ao redor dos meus pulsos

nas veias água
     pesada
     aguardente
minhas cordas vocais
dizem babéis
travessias de desertos montanhas
     sob a neve num país estrangeiro
os olhos do estrangeiro
punhos cerrados mãos estendidas

chefes urram a falência
de suas democracias
e nos meus olhos pássaros
procuram o verão
há uma árvore crescendo no meio
das pedras
da minha boca
várias colônias de insetos
residem ali
em meu estômago há matilhas
plêiades hordas arquipélagos

tenho tatuagens que são nomes
esquecidos de civilizações

esquecidas
às três horas da manhã meu corpo
respira em silêncio
    sem sono
a escuridão deste mundo
sístole
diástole
sístole.

# Mirante

Todas as manhãs
eu me sento durante uma
hora numa almofada
de quinze
centímetros
de altura
      este é o meu mirante

a vista daqui
não cansa

de surpreender.

# Duas histórias zen-budistas

1. A grande dúvida

   O mestre Tung-shan
   aconselhou a um monge
   que lhe peguntou como lidar
   com os extremos das estações:
       morrer de frio no frio
       morrer de calor no calor

   e no entanto
   nesta manhã gelada
   quando aproximo
   do aquecedor

       meu corpo:

       um nirvana
       de gratidão.

2. Uma raposa

Apareço como um fantasma
diante do mestre Pai-chang
    sou uma raposa
já faz quinhentas vidas
porque um dia duvidei
de que até mesmo o melhor de nós
ainda deve
ao pior de nós

mas observe: quinhentas
vidas como raposa
e basta a palavra certa
    ou uma bofetada
    ou uma pedra atiçando um galho de bambu
e subitamente o mundo se ilumina

então encontram nas montanhas
o cadáver da raposa que eu fui
e cuidam dele de acordo
com o ritual dedicado aos monges —

    em minha próxima vida
    honrarei minhas dívidas.

# Dois poemas com Rumi

1. Na taberna

Já bebi demais
e nem sempre em boa companhia
não há mapas
capazes de me orientar de volta para casa
ou a qualquer lugar longe daqui

e no entanto o fogo crepita charmoso na lareira
tudo parece momentaneamente
confortável e bom
vinhos
comida
a pachorra da existência
entre as mesas da taberna

mas *quem pronuncia palavras com a minha boca?*
*quem enxerga usando os meus olhos?*

Não sei quem me trouxe até aqui
portanto não sei quem vai me levar de volta

já me cansei da companhia dos bêbados
desejo o abraço da madrugada lá fora.

## 2. Exoneração

Não contem mais comigo
fechei a loja
exonerei-me
destituí-me
ao novo cliente que chegou esta manhã gritei
*fora!*
não desenho mais ícones

daqui por diante
procurem por mim
no buliço da bandeira ao vento
onde não há bandeira alguma

somente o mastro
e um movimento.

# Zazen

Eu me lembro de tocar
com as pontas dos dedos
a pele nua do meu crânio
imaginar o cérebro por baixo
fazendo as coisas que meu cérebro faz

o algodão rústico
da roupa que usava
o mundo em silêncio por dentro
tudo tão vasto e íntimo

a fome incessante aguardava
um segundo
os cães de guarda descansavam
um segundo

era como se tivéssemos feito as pazes
minha vida e eu.

# Eu era um cachorro
*sobre um poema de Jim Harrison*

        Eu era um cachorro numa corrente curta
        e agora não há mais corrente

        mas se não há mais corrente
        o que me impede
        de sair
        voando?

        (não me digam que cachorros não
        voam
        não me venham com
        mais essa ideia
        corrente).

# IV. REVOLUÇÃO DOS CRAVOS

Mas há uma "melodia trêmula"
que vale a pena ouvir, registrar como
acompanhamento do meu tempo particular
o que seria pouco, mas que desse ao menos
uma pala do tempo de todo mundo.
                         Armando Freitas Filho

# Europa

Pequena lua
estampada na foto
coração de ferro e níquel
      igual ao nosso
      dizem
e um mar — vida? — debaixo da pele de gelo

sobreposta na foto
àqueles estupendos arabescos
das tempestades de Júpiter
      (mas neste momento não
      nos interessam os reis)

pequena orbe súdita
Europa do rosto forrado
com essa trama de rugas
que tanto gostaríamos de poder ler

— nós daqui
tão terrenos
distraídos
      tão analfabetos de você.

# Do front

Os animais continuam morrendo
às dezenas
de bilhões por ano
em nossas indústrias
e desde ontem o clima
não mudou muito: chuvas
espaçadas e daqui se vê o freixo
acenando com os galhos

é bom quando chegam melodias
de outros lugares
de outras pessoas
por exemplo esse piano — escalas
Thelonious Monk
é bom quando silenciam também
e o sol põe a cara de fora e
rasga o freixo com uma cor
difícil de nomear

entre amigos —
disseram que foi assim
que você se foi
não sei de mais detalhes além
deste mundo que fica
não obstante
com peônias que desabrocham e murcham
buzinas que gritam e se apagam

civilizações que avultam e
se enterram em compêndios de história

a luta de classes chega à Islândia
ainda que você não tenha visto a manchete
luas dançam bêbadas ao redor de Plutão
e o ex-prisioneiro de Guantánamo
conta sua história ao jornal

os animais
às dezenas de bilhões por ano
chuvas espaçadas
*entre amigos* —
disseram que foi assim
que você se foi
não sei de mais detalhes além
deste mundo que fica
e não é o bastante.

# Fukushima

O pai que jamais encontrou
o corpo de seu filho de três anos
diz ao jornal *às vezes acho que ele*
*se esconde de propósito*
*para que com isso eu*
*continue vivo*

varre os escombros
em busca de um brinquedo
uma bicicleta
um boné

no pequeno altar que erigiu
diante da casa em ruínas
entre flores frescas
e o Mickey de pelúcia
a memória não é refúgio
mas somente confissão

a dor bruta
este pesar
este apesar
de tudo.

# Touro

O touro corre com os chifres em chamas
pelas ruas de Pamplona
alguém botou fogo neles
o touro corre em meio a uma multidão de
artistas operários turistas de
telefone em punho rindo
tanto do touro que corre
      corre
      corre

e morre — mas aí
      a festa perde
      a graça

então inventemos
um touro imortal para a nossa
*damnatio ad bestias*
um touro que corra com os chifres em chamas
pelas ruas de Pamplona
pelas ruas de Pamplona

até o dia em que
o nosso riso se transubstancie
ou se cure
ou se canse.

# Cafarnaum

Se não há messias
ou curandeiro à mão
    dá um jeito
levanta-te e anda
levanta-te e dança assim mesmo

são poucos os que se arriscam
neste momento — as normas
da compostura estão escritas em letras
garrafais na parede
mas finge que não viu

dá um jeito
pede licença
vai abrindo caminho
desvia de cartolas
carolas cartilhas
calibra
os teus pés forros
    à vertigem e
    dança.

# Só de ida
*para Izabel Cury*

O que deu em mim
que não estou em Cabo Verde
ou Varanasi
que não reservei bilhete só de ida
para muito longe deste aqui
doente de inverno
rodovias largas
    e limpas
abraços estranhos como as
bananas que compramos
há duas semanas e ainda não amadureceram

como foi que concluí
num surto de raciocínio
que a felicidade transitava por vias principais
e não por becos em ruínas
num tempo de poetas menores
e televisores esquecidos em prédios desabitados?

# Belgrado
*ao Paulo*

O que são os lugares para
lá dos nossos olhos para
lá dos nossos pés
quando só os visita uma memória ou fantasia
    a memória ademais tanto tem de fantasia

Em Belgrado por exemplo
Geca Kon
o próspero editor e livreiro judeu — principal editor
da Iugoslávia entre as duas grandes guerras — foi
preso quando tropas nazistas invadiram a cidade
    morreu logo em seguida
    segundo algumas fontes
        ainda sobreviveu
        durante um tempo no campo
        de concentração de Graz
        segundo outras

Geca Kon (o homem) espia
quem passa por Geca Kon (a livraria)
de uma fotografia no alto da parede
rosto redondo óculos de aros redondos
queixo duplo
um tufo de cabelo e um tufo de bigode
gravata borboleta listrada

o que posso contar
        inventar
sobre Geca Kon
entre *rakija* e café turco
enquanto passeio pela cidade
como se ela fosse minha
o que sei das cem guerras
e das quarenta vezes que foi destruída

parece que basta haver oxigênio no ar
*rakija* (quarenta e cinco
por cento de álcool) e café turco

e para mim haverá sempre
a partir deste dia
um sol se pondo obeso e rubro
sobre um rio que passa por muitos países
a despeito do que façam às suas margens
        romanos hunos eslavos húngaros
e comigo haverá sempre
a partir deste dia
uma instância de Belgrado

        que não obstante
        vive e luta e
        morre sem mim.

# Sagrado

O último punhado
de ar
que passou pelas narinas do soldado
israelense do soldado palestino
do camundongo no laboratório do boi
na fila do matadouro do burocrata do monge
sufi da ambientalista
do prisioneiro executado
no Arizona da mulher apedrejada
no Paquistão

o último punhado
de ar
que passou pelas narinas do meu amigo
do meu inimigo
do velho
que trabalhou a vida inteira
no laboratório
no matadouro
entregando cartas
flores
bombas
pão.

# Solstício

Ontem foi o dia mais longo do ano
o que significa
que hoje reconquistamos a tendência noturna

virá aos poucos
de modo quase furtivo
o velo de um sono talvez mais protegido e farto
talvez mais inquieto
saudoso
de janelas abertas e ventilador de teto
esse vocabulário fácil

a estação envelhece
(uma ruga mínima que nem o espelho acusa
na pele tersa
     do dia embriagado de sol)

recolhe-se
puxa a luz um instante antes
no apogeu dos nossos jogos e dos nossos
braços abertos:
há um plano de equinócio
no coração do verão.

# Recado

Por pouco não me passa despercebido
o recado desta manhã
lua falhada e alta
homem desconhecido
de sorriso e boné
entrando em seu carro branco
cachorros latindo diligentes
quando passamos
meu cachorro e eu
diante de casas ainda
pejadas de sono

por pouco não deixo de ver
o grumo de passarinhos no pinheiro
o traçado do avião sem avião
no céu

de ouvir essa voz de tudo
alojada no silêncio
e também no motor do caminhão
que passa ao largo

de notar que o nariz preto e úmido
do meu cachorro
remexendo no mato
o prazer dos cheiros que só ele identifica
é parte do recado

bem como a saudação do moço
consertando alguma coisa na fiação
e o sol
esse sol rústico de inverno
caiando o mundo
que por ora é meu também.

# Jardineira

Ó jardineira por que estás
tão triste?
mas o que foi que te aconteceu?

olha para o alto
a mínima fatia de lua roçando
o morro
      o universo
no gira-gira de tantas órbitas
o vidro da janela varrido de chuva
ouve o rumorejo do silêncio lá fora
      — todos os deuses
      vicejam em mistério

o abismo do teu tempo
a solidão do teu tempo
a medida
da dor
      que te alforria

ó jardineira por que estás
tão triste?
volta
para o teu jardim lembra
do teu carnaval.

## Revolução dos cravos

Atirar sobre o mundo
uma indignação botânica
vê-la criar raiz e trepar pelos cantos
invadir claustros palácios
de justiça mercados
depósitos campos
de golfe casas solitárias palafitas
a flor do poeta rompendo o asfalto

uma revolução dos cravos
das angélicas peônias
dos dentes de leão
o ardor das fúcsias a dignidade
dos girassóis
a gratidão das gardênias
a absoluta ternura das glicínias a confiança
da íris azul a seiva
inebriando os bárbaros
o caule se antepondo aos muros

— a vida
sua exclamação.

# Prece

Sri Krishna
olhai pelas viúvas da Índia
protegei-as
dos homens dos filhos das ruas
nas próximas vidas livrai-as
dos casamentos aos
onze anos de idade
com noivos três
décadas mais velhos

Sri Krishna olhai
por elas — banida a
autoimolação na pira funerária
do marido morto olhai
pela única refeição diária
em troca de cantos devocionais
num templo
pelo inferno da cidade sagrada
pela espera cansada
do fim
pelo fim

Sri Krishna olhai
por nós.

## Telegrama para Murilo Mendes

    Será esta a mesma praia?
    a mesma guerra?
    e os destroços das nuvens
        boiando no mar inimigo
        entre os corpos dos náufragos —

    será aquela a mesma melodia?
        e o que nos resta
        Murilo?
        e o que nos salva?

# Dois poemas com John Cage

1

No lugar mais silencioso do mundo
ruge-ruge o ruído da vida
o homem é feito de sangue e neurônios
que cantam sua própria música
    sem partitura ou *I Ching*

o silêncio não existe:

forma é vazio
vazio é forma
e tudo isso cabe no intervalo
de quatro minutos e trinta
    e três
    segundos.

2

Um cogumelo
é um cogumelo é um cogumelo
em Stony Point havia enorme variedade deles
e quanto mais os estudava
mais tinha dificuldade em identificá-los

um cogumelo
tão-só
um cogumelo

e no entanto
quantas estrelas ruíram
para que esse pequeno e necessário
    milagre
brotasse em Stony Point.

# Um risco

Falar menos
tatear no escuro com dedos
    de aranha
desdicionarizar o sentido das coisas
ir desbastando o mundo até que do mundo
só sobre a margem
    o poeta negociando café na Abissínia
    o filósofo plantonista de hospital

falar bem menos
arar os campos semear vazios
parar um momento antes de atravessar a rua
    não atravessar a rua
acariciar o silêncio entretecido
no ruge-ruge das folhas e no rumor do mercado

falar muito menos
esgotar as heranças
demitir os funcionários
ir desbastando a margem até que da margem
só sobre um risco
    as perguntas
    a que o sábio da Índia não respondeu
    o corpo do profeta entre as chamas.

# Macedônia

Nem um único dos mundos
que vinha agora Anaxarco
revelar-lhe serem infinitos
Alexandre tinha conseguido conquistar

    por isso as lágrimas

penso em ti
Alexandre
a cada vez que me pesam nos olhos
    tantas Pérsias tão compridas

e ao fim e ao cabo
um amor exangue
uma febre tifóide um copo
de vinho envenenado

    por isso as lágrimas

não pela Arábia que ficou faltando
Alexandre
mas pela Macedônia
    que nem suspeitavas ser bastante.

# O caos e a maravilha do mundo

Malcolm McNee
Smith College

*Uma pequena (breve? sussurrada?) música toca no fim do mundo, nos confins do mundo, enquanto o mundo chega ao seu fim, como vem chegando desde sempre. Uma quietude urgente entre os choros e gritos da história remota ou próxima, presente ou presença fantasmagórica. O silêncio contemplado como o último horizonte do sentido, sempre se afastando e escapando à palavra que se desdobra, como resposta ao caos e à maravilha do mundo. Silêncio que o poema almeja e não pode atingir, revelando os limites da sua potencialidade, apontando para o que talvez se descubra nas suas margens, a força a ser achada no seu (nosso) fracasso e fragilidade.*

*O silêncio é impossível para os vivos, como John Cage, uma das inspirações de Adriana Lisboa para esta coletânea, nos ensina. É do reino exclusivo da pedra, o "chão de pedra com silêncio da pedra" que Mariana Ianelli (a quem* Pequena música *é dedicado) sugere que procuramos habitar no poema. Na quietude que se acha ali, há uma lembrança da existência viva na sua imanência absoluta, o zumbido dos nervos, o fluxo do sangue, a soltura leve da respiração.*

*Este livro começa e termina com um convite à aquietação. "Falar menos / tatear no escuro". Uma aquietação da linguagem, um cuidado contra seus excessos, "o que a palavra / no que a palavra excede / cala", como Adriana escreve, inspirada pelo poeta argentino Hugo Mujica. Uma aquietação da ambição, como evocada na sua máxima manifestação, a tentativa da conquista do mundo que acaba na lágrimas de Alexandre pela casa agora longe que ele nunca suspeitou que poderia ter sido, que deveria ter sido, suficiente.*

*Porém, isto não é um argumento para um afastamento do mundo, para a pureza imaginada ou a verdade absoluta do silêncio ou do eu. Melhor, neste segundo livro de poesia de Adriana Lisboa, deparamo-nos de novo com uma destemida e consumada expansão e retração de campos de engajamento e sentido, entre o poema como lugar para se habitar momentaneamente e onde imaginar que tipo de refúgio e sustento poderia prover — e que forma de cuidado poderia exigir da poeta e seu leitor — e o poema como lugar de engajamento no mundo, em sua inexorável beleza e ruína, mutabilidade e crueldade.*

*Encarando os reinos íntimos da memória pessoal e do luto ao lado de memoriais de guerra e genocídio e lembretes da escala industrial de morte que infligimos aos animais não-humanos do mundo, Adriana traz à mente a interrogação de Adorno quanto ao lugar da poesia depois de Auschwitz, mas também a resposta indireta de Barthes, de que a poesia é a prática da sutileza num mundo bárbaro, de que a capacidade do poema de expressar um desejo de sentido sem fixá-lo, de uma oscilação entre dizer e não dizer, é um gesto de resistência ético à barbaridade do mundo.*

*O tom estético e afetivo forte e delicadamente cultivado aqui, embora infundido de melancolia e remorso, é principalmente o espanto, com clarões epifânicos e ressacralizantes de linguagem, fragmentos que são como pedras preciosas penetrando o fardo pesado do mundano. Uma Pequena música, um "último punhado de ar", entre cartas, flores, bombas, pão.*

# Poemas publicados anteriormente

"Terra," "Uma rosa," "Substantivo coletivo," e "Meninos": Revista Brasileira n° 92, Rio de Janeiro, Academia Brasileira de Letras, julho-agosto-setembro de 2017.

"Ameixa," "Levar a vida," e "Uma rosa": Revista *La Palabra y el Hombre* n° 42, Universidad Veracruzana, Xalapa, México, 2017. Tradução ao espanhol de Eduardo Langagne.

"Touro," "Sagrado," "Armários," "Fukushima" e "O fim": *Revista Casa de las Américas* n° 288, Havana, Cuba, 2017. Tradução ao espanhol de Leonel Alvarado.

"Dois poemas com John Cage," "Cortina," "A uma calça jeans" e "A função das coisas": Jornal *Cândido* n° 62, Curitiba, setembro de 2016.

"Dois poemas com Rumi": *São Paulo Review* (online)

"Relógios," "Máquina de lavar" e "Avião": *Revista Pessoa* (online)

"Belgrado": jornal *Politika*, Belgrado, Sérvia, 13/02/2016. Tradução ao sérvio de Maja Španjević.

"Silêncio," "Solstício," "Belgrado," "Do front" e "Só de ida": *Eutomia — Revista de Literatura e Linguística*, n° 15 (online)

"Cafarnaum" (em versão anterior): *Happiness — The Delight Tree: an Anthology of Contemporary International Poetry* (ed. Bhikshuni Weisbrot, Darrel Alejandro Holnes e Elizabeth Lara), The United Nations SRC Society of Writers, Jamaica, New York, 2015. Tradução ao inglês de Alison Entrekin.

# Referências

"Fukushima": *"às vezes acho que ele se esconde de propósito para que com isso eu continue vivo"* são palavras de Takayuki Ueno, lidas num artigo do jornal *The Independent* intitulado "The Japanese father still searching for his son lost in 2011 tsunami" (10.03.2015).

"Dois poemas com Rumi" (I — Na Taberna): *"quem pronuncia palavras com a minha boca? / quem enxerga usando os meus olhos?"* são versos do poeta persa, lidos na tradução de Coleman Barks (*"Who Says Words Using my Mouth"*) em *The Essential Rumi* (HarperSanFrancisco, 1995).

"Dois poemas com John Cage" (I): "forma é vazio / vazio é forma" é uma passagem de um dos mais queridos textos apócrifos budistas, o *Sutra do coração* (*Prajñāpāramitā Hṛdaya Sūtra*).

# Um p.s. sobre John Cage

Em 1952, John Cage compôs a peça *4'33"*, em três movimentos, para qualquer instrumento ou conjunto de instrumentos. Na partitura, somente a palavra latina *tacet*, usada em notação musical para indicar que o intérprete não deve tocar num determinado trecho ou movimento. No caso da obra de Cage, o intérprete permanece em silêncio durante quatro minutos e trinta e três segundos, durante os quais o público ouve os ruídos do ambiente.

Sobre a estreia de *4'33"*, Cage escreveu: "Eles não entenderam. Não existe algo a que possamos chamar silêncio. O que eles pensaram ser o silêncio, porque não sabiam como ouvir, estava cheio de sons acidentais. Era possível ouvir o vento lá fora durante o primeiro movimento. Durante o segundo, gotas de chuva começaram a tamborilar no teto, e durante o terceiro as próprias pessoas fizeram todo tipo de ruídos interessantes enquanto falavam ou saíam."

Um ano antes, Cage havia feito uma visita à câmara anecóica da Universidade de Harvard. Naquele lugar onde o silêncio reinava em tese absoluto, o compositor relatou ter podido ouvir dois sons: um agudo e um grave. O engenheiro responsável pela câmara explicou-lhe em seguida que o som agudo era o sistema nervoso de Cage em funcionamento, e o som grave, sua circulação sanguínea.

Susan Sontag escreveu, no ensaio "The Aesthetics of Silence," em que discute, em algumas passagens, a obra de Cage: "Para perceber a plenitude, é preciso reter um senso agudo do vazio que a delimita; de modo inverso, para perceber o vazio é preciso apreender outras zonas do mundo como plenas. (...) O 'silêncio' nunca cessa de implicar seu oposto e de demandar sua presença. Do mesmo modo como não pode haver 'acima' sem 'abaixo' ou 'esquerda' sem 'direita,' é necessário reconhecer um ambiente de som ou linguagem para que se reconheça o silêncio."

# Sobre a autora

foto: Julie Harris

Adriana Lisboa nasceu no Rio de Janeiro. É autora, entre outros livros, dos poemas de *Parte da paisagem* (Iluminuras, 2014), dos contos de *O sucesso* e dos romances *Sinfonia em branco* (Prêmio José Saramago), *Um beijo de colombina*, *Rakushisha*, *Azul corvo* (um dos livros do ano do jornal inglês *The Independent*) e *Hanói* (um dos livros do ano do jornal *O Globo*), pela Alfaguara. Seus livros foram traduzidos em mais de vinte países. Seus poemas e contos saíram em revistas como *Modern Poetry in Translation* e *Granta*. Graduada em música e pós-graduada em literatura, morou na França, na Nova Zelândia e nos EUA — onde vive atualmente, na cidade de Austin.

**CADASTRO
ILUMINURAS**

Para receber informações sobre nossos lançamentos e promoções, envie e-mail para:

cadastro@iluminuras.com.br

Este livro foi composto em Legacy pela *Iluminuras* e impresso nas oficinas da *Meta Solutions Gráfica*, em Cotia, SP, em papel off-white 80g.